50 Centimes

LA CORBEILLE LYRIQUE

CHOIX DE CHANSONS

LES PLUS NOUVELLES ET LES PLUS EN VOGUE

PARIS
SE VEND CHEZ Mme Ve AUBERT
ÉDITEUR DE CHANSONS
20, Rue Domat, 20
ANCIENNE RUE DU PLATRE-SAINT-JACQUES

LA CORBEILLE LYRIQUE

CHOIX DE CHANSONS

LES PLUS NOUVELLES ET LES PLUS EN VOGUE

Amis, rigolons tant que nous pourrons.

Prix : 50 Centimes

LA CORBEILLE LYRIQUE

CHOIX DE CHANSONS

LES PLUS NOUVELLES ET LES PLUS EN VOGUE

PAR

**J. E. Aubry, A. Mordret, A. Hardy
Arthur Halbert, L. Delachaussée,
E. Martin, Ad. Marguerit, A. Limbeau,
H. Gaboriau, E. Cahen, etc.**

PARIS

SE VEND CHEZ Mme Vᵉ AUBERT

ÉDITEUR DE CHANSONS

Rue Domat, 20, ancienne rue du Plâtre-Saint-Jacques.

(Écrire franco)

Propriété exclusive de l'Éditeur. — Toutes les contrefaçons seront poursuivies selon la rigueur des lois.

1867

Bernard-Laborde, 42, rue Vavin.

Paris. — Imprimerie L. Poupart-Davyl, rue du Bac, 30.

LA CORBEILLE LYRIQUE

CHOIX DE CHANSONS

LES PLUS NOUVELLES ET LES PLUS EN VOGUE

RIGOLONS
TANT QUE NOUS POURRONS

CHANSON ÉPICURIENNE

Paroles d'**Auguste HARDY**

Air : *La fille à Jérôme.*

REFRAIN :

Amis, rigolons
Tant qu' nous pourrons,
Qu' l'amour, la folie
Guide notre vie.
Amis rigolons
Tant qu' nous pourrons,
Aimons et buvons !
Dansons ! chantons !

Oui, vive à jamais la franch' rigolade
De quelques bons drill's unis d'amitié,
Où chacun s'échauffe en buvant rasade
Afin de chérir bien mieux sa moitié.
Amis, rigolons, etc.

Nous sommes heureux quand vient le dimanche ;
Afin de fêter le jour du repos
Chacun a passé sa chemise blanche,
Car à boire et rire il se sent dispos.
Amis, rigolons, etc.

Quand le temps est beau, Cupidon assemble
Femmes et maris pour fêter ce jour,
Quel charmant coup d'œil de nous voir ensemble,
L'esprit tout joyeux, le cœur plein d'amour.
  Amis, rigolons, etc.

Après la journé', l' plaisir de la table
Nous fait oublier les champs et les bois;
On verse le vin, tout paraît aimable,
Gare aux jou's rosé's de nos gais minois.
  Amis, rigolons, etc.

Mais, il se fait tard, gagnons nos demeures,
Car nous avons pris d' la joie pour huit jours,
Le plaisir sait m'ner vivement les heures
Maint'nant le travail doit avoir son cours.
  Amis, rigolons, etc.

    (Propriété de l'éditeur).

JE T'ADORE A MON TOUR

ROMANCE

Paroles de **Louis DELACHAUSSÉE**.

Air : *Béranger à l'académie;* ou : *Souvenirs d'amour.*

J'étais aimé d'une femme, d'un ange,
Et cœur ingrat je méconnus sa foi,
Lorsque le sien d'un amour sans mélange
Brûlait l'encens de la plus sainte loi.
Dût-elle hélas! de mon indifférence
Péniblement passer plus d'un long jour...
Mais aujourd'hui pour prix de sa constance } *bis.*
A deux genoux je l'adore à mon tour!

Combien de fois, par excès de tendresse
Elle eut pour moi des soins pressants et doux;
Triste et maussade, au lieu d'une caresse,
'e la payais d'un injuste courroux...

Humilié, cet ange charitable
Trouvait encore près de moi le temps court ;
Bien repentant de mon erreur coupable } bis.
A deux genoux je l'adore à mon tour !

Aimante enfant, sa lèvre purpurine
Me prodiguait des baisers radieux,
Ces doux transports de son âme divine
Devaient placer l'esclave au rang des dieux !
Pour ses bienfaits cette fille chérie
N'avait pas même un sourire en retour...
Alors vaincu par tant de sympathie   } bis.
A deux genoux je l'adore à mon tour !

Je me souviens, ô douleur infinie !
Que je voulus un jour la délaisser ;
Les jolis bras de cette chaste amie
Vinrent soudain à mon cou s'enlacer ;
Et ses beaux yeux tout mouillés par les larmes
Resplendissaient des feux purs de l'amour !
Enfin touché de ses délirants charmes   } bis.
A deux genoux je l'adore à mon tour !

(Propriété de l'éditeur).

LE CARNAVAL DE TOUS TEMPS

Paroles d'Auguste HARDY.

Air : *Maman le mal que j'ai* ; ou : *La Comète.*

REFRAIN ;

Oui, chacun ici-bas
Veut à sa guise
Changer sa mise.
Oui, chacun ici-bas
Veut se donner l'air qu'il n'a pas !

Un homme cherche à nous tromper
Avec une mise de prince;
Tandis qu'il n'a pas pour souper,
Parce que sa bourse est trop mince.
  Oui, chacun, etc.

Ne voit-on pas, à tout moment,
Quand un vieux parent riche meure,
Tout en comptant les sacs d'argent
L'hypocrite héritier qui pleure?
  Oui, chacun, etc.

Devant vous, avec grand fracas
Souvent plus d'un ami vous loue,
Tandis qu'en lui-même tout bas
Il vous traîne en plein dans la boue.
  Oui, chacun, etc.

Voyez passer c' méchant moutard
Qui fait l'homme en fumant des pipes,
Tout à l'heure il sera trop tard,
Car il aura sali ses nippes.
  Oui, chacun, etc.

Combien voit-on d'homm's ici-bas,
Qui, par leurs bell's paroles semblent
Des hercul's et des fiers à bras
Quand, parfois pour un rien ils tremblent?
  Oui, chacun, etc.

Plus d'un' belle en baissant les yeux
Nous fait croire à son innocence,
Tandis que bien des amoureux
Ont déjà fait sa connaissance.
  Oui, chacun, etc.

(Propriété de l'éditeur).

IL Y A PLUS DE BÊTES
QUE DE GENS D'ESPRIT

Paroles d'Ad. MARGUERIT.

Air : *La noce à mon cousin Coco.*

Tel que vous m' voyez je suis un Bas-Breton,
Joyeux gars, toujours prêt à rire ;
Papa soigna peu mon éducation,
Et c'est à pein' si je sais lire.
Dans le village on s'gauss' de moi ;
Mais tout ça m'est bien égal sur ma foi,
Je réponds à celui qui rit :
Il y a plus d' bêt's que d' gens d'esprit.

Le gros Mathurin épousa la Mad'lon,
Une fille aussi laid' que rousse ;
Mais on répétait partout dans le canton
Que Mad'lon avait de c' qui s' pousse.
Deux mois après qu'il fut marié
Il sut qu' son bien était hypothéqué ;
Il eut la femme, mais non l' profit,
Il y a plus d' bêt's que d' gens d'esprit.

L'aut' jour à la foir' sur un carross' doré
Un médecin d' nouvelle espèce,
Vendait au public sottement étonné
Des flacons à deux francs la pièce.
C'est un élixir bon à tout,
Pour en ach'ter on venait de partout ;
Avec ça personn' ne guérit,
Il y a plus d' bêt's que d' gens d'esprit.

On trouv' le moyen de tout améliorer
Et de tout le progrès s'occupe ;
Mais ce que jamais on ne peut empêcher
C'est qu'un intrigant trouve un'dupe.

1.

De cela quel est le motif?
Je vais vous l' dire et c'est bien positif :
C'est qu'hélas ! entre nous soit dit,
Il y a plus d' bêt's que d' gens d'esprit.

(Propriété de l'éditeur).

FAUTE DE MIEUX

CHANSONNETTE PROVERBE

Paroles de Louis DELACHAUSSÉE.

Air : *Je vous y prends.*

Faute de mieux (*bis*).
Je demeure au cinquième étage ;
Dans ce réduit, j'ai l'avantage
De vivre loin des envieux.
Si je n'ai pas toujours l'aisance
J'aurai du moins ma conscience
   Faute de mieux (*4 fois*).

Faute de mieux (*bis*),
L'étude, me disait mon père,
Est un baume très-salutaire,
Garçon, sache être studieux.
Si Plutus t'évite sans cesse
Le savoir sera ta richesse
   Faute de mieux. (*4 fois*)

Faute de mieux (*bis*)
Pour braver les maux de la vie
Ayons de la philosophie,
— N'est-ce pas le trésor des gueux ? —
Avec heureuse insouciance
Conservons toujours l'espérance,
   Faute de mieux. (*4 fois*)

Faute de mieux (*bis*)
L'artisan, pour fruit de sa peine,
Touche sa modeste quinzaine
Qu'il doit à ses bras courageux.
Quoi qu'elle soit peu suffisante,
Il se dit : « Bah ! je m'en contente,
Faute de mieux. » (*4 fois*)

Faute de mieux (*bis*)
Puisque le monde a la sottise
De nous juger selon la mise,
Je conçois le luxe pompeux.
Chacun veut, ne pouvant pas être,
Dans la société paraître
Faute de mieux. (*4 fois*)

Faute de mieux (*bis*)
Moi, si jamais je me marie,
Je veux une femme accomplie,
Qui sache combler tous mes vœux ;
A défaut de biens en partage,
Je veux qu'elle ait le cœur bien sage
Faute de mieux. (*4 fois*)

(*Propriété de l'éditeur*).

J' PEUX BIEN M' PASSER D' CA

CHANSONNETTE

Paroles d'Auguste HARDY.

Air : *J'arrive à pied de province*; ou : *l'Homme sans pareil*

Mortels quell' soif vous altère ?
Pourquoi dans vos mains
Désirer les biens d'la terre,
Ah ! que je vous plains !

Quand j' vois un homme en calèche
   Poser en pacha,
Je m' dis : quoique j' sois en dèche,
   J' peux bien m' passer d' çà !
Je me plaignais d'être imberbe,
   Mais depuis qué qu' temps
Ma face est comme un champ d'herbe
   Quoique j' n'ai qu' vingt ans.
Eh bien ! maint'nant j'ai d' la peine,
   L' motif le voilà :
Ça m' coût' quat' sous par semaine
   J' pourrais m' passer d'ça.

Je souffr' quand j' vois des caresses
   Prodiguées à tort
A de petites maîtresses
   N' connaissant que l'or.
Sans l' sou j' suis aimé de Lise,
   C' qui prouv' qu' l'or, oui dà,
Dans l'amour c'est d' la bêtise
   J' peux bien m' passer d' ça !

Vous, intrigants de la ville
   Qu' l'ambition poursuit,
Moi, j' vis heureux et tranquille
   Dans un p'tit réduit.
Je n' ramp' pas comm' la limace
   Ni ne fais le plat,
Afin d'avoir un' grand' place,
   J' peux bien m' passer d'ça !

L'avar' singeant la misère
   M' met du baum' dans l' cœur,
Car moi, qui suis prolétaire;
   Je vis dans l' bonheur.
Lui, par trop d'économie
   Sur son or mourra
Sans avoir connu la vie,
   J' peux bien m' passer d' ça !

                  (Propriété de l'éditeur.

LA FIANCÉE

ROMANCE

Paroles de **Louis DELACHAUSSÉE**

Air : *Béranger à l'Académie,* ou : *Viens, belle nuit.*

A dix-sept ans me trouvant sans famille
J'eus le bonheur de trouver un ami,
Qui voulut bien tendre à la pauvre fille
Une main sûre et lui servir d'appui.
Il m'appelait sa chère fiancée!
Pour lui mon cœur était rempli d'amour,
C'était mon bien, mon unique pensée;
Car il devait m'appartenir un jour. (*bis*).

Notre beau ciel n'avait pas un nuage,
Notre horizon paraissait calme et doux,
Quand tout à coup, sur nos têtes, l'orage,
Avec fracas vient fondre, hélas! sur nous :
C'est le devoir, conscrits, qui vous appelle
Apprêtez-vous à suivre le tambour !...
Il en était mon fiancé fidèle,
Notre bonheur n'avait duré qu'un jour. (*bis.*)

Depuis ce temps sur la terre, isolée,
Je n'entends plus que la brise du soir
Qui doucement gémit dans la vallée
Sans m'apporter un faible mot d'espoir.
Et quand la nuit déroule ses longs voiles
Sur le clocher et les monts d'alentour
Les yeux fixés au disque des étoiles
Je prie hélas! pour qu'il revienne un jour. (*bis*).

Un beau matin, le sac mis sur l'épaule,
Un fantassin descendait le coteau,
En s'appuyant sur sa canne de saule,
Il embrassait du regard le hameau...

— Pan! pan! c'est moi, ma bonne et belle Lise
Ouvre, je viens sur l'aile des amours
Pour te mener de ce pas à l'église
Et te nommer ma femme pour toujours. (bis).

(Propriété de l'éditeur).

VOILA L' PLAISIR DU PARISIEN

Paroles de J.-E. AUBRY

Air : *Ce s'ra bon pour les Parisiens.*

Quand vient l' dimanche et que la s'maine,
   On a bien rempli son devoir,
    En blouse, en habit noir,
    Du matin jusqu'au soir.
  On chant' pour oublier la peine,
  S'amuser en n' mangeant que l' sien,
   Voilà l' plaisir du parisien !
  S'amuser en n' mangeant que l' sien,
  Oui, voilà le plaisir du parisien !

   Dans tous les pays de la terre,
   On trouve des cœurs généreux,
    Aidant les malheureux,
    Aller au devant d'eux,
  Afin d' partager son salaire.
  Donner à celui qui n'a rien,
   Voilà l' plaisir du parisien !
  Donner à celui qui n'a rien,
  Oui, voilà le plaisir du parisien !

   Près de ses enfants et d' sa femme,
   Chaqu' soir après un dur labeur,
    Il soupe de bon cœur,
    Et c' qui fait son bonheur,

Des autres sait réjouir l'âme.
De sa famille êtr' le soutien,
Voilà le plaisir du parisien !
De sa famille êtr' le soutien,
Oui, voilà le plaisir du parisien !

Après une terrible guerre,
Que les ennemis sont vaincus,
Ils peuvent compter d'ssus,
Les s'cours qui leur sont dus,
Car, pour lui tout homme est un frère.
Qu'il soit juif ou qu'il soit chrétien,
Voilà l' plaisir du parisien !
Qu'il soit juif ou qu'il soit chrétien,
Oui, voilà le plaisir du parisien !

(Propriété de l'éditeur).

TOINETTE ET TOINON

CHANSONNETTE

Paroles d'Auguste HARDY

Air : *Entre Paris et Lyon*

Il est dans le canton
Deux fillettes de bon ton,
L'un' s'appelle Toinon,
L'autre se nomme Toinette ;
Toinette est fill' d'un rich' vign'ron
Et Toinon est pauvrette.
       Il est dans le, etc.

Un jour le fils Simon
Renommé comme beau garçon,
Aimait chaque tendron
Tant, qu'il en perdait la tête ;
Il s' dit : consultons sans façon
Le cœur de chaqu' fillette.
       Il est dans le, etc.

Il s'en fut tout de bon
Trouver la fill' du vigneron,
Et lui dit, plein d'aplomb :
Je vous ador' ma brunette!
J'ai deux bons bras, je suis luron,
J' suis sans bien, mais honnête...
   Il est dans le, etc.

Comm' sa proposition
Ne convint pas au tendron
Qu'était plein d'ambition
Il s'en fut à l'autr' fillette
Lui dir' : sans l' sou veux-tu d' mon nom?..
C' qui plut à la pauvrette.
   Il est dans le, etc.

Quand il vit que Toinon
L'acceptait sans prétention,
Son cœur comm' du charbon
S'enflamma sans allumette,
Je suis rich', dit-il, pour tout d' bon,
J' te trompais mignonnette!
   Il est dans le, etc.

Au bout d' huit jours Toinon
S'appelait madam' Simon ;
L' village à leur union
Faisait une noc' parfaite,
Seul' la fill' du rich' vigneron
Manquait à cette fête.
   Il est dans le, etc.
    (Propriété de l'éditeur).

L'AMOUR AUX CHAMPS

IDYLLE

Paroles de **Louis DELACHAUSSÉE**

Air : *Pour faire un nid*, ou : *N'effeuillez pas les Marguerites.*

— Là-bas, dans les vertes prairies
Gazouillent les charmants oiseaux ;
Leurs enivrantes mélodies
Egaient les tristes coteaux.
A leur compagne toujours chère,
Ils offrent leur plus pur encens ;
Comme eux, je voudrais, pour te plaire
Te faire entendre mes accents.

REFRAIN
— Mathurin, change le langage
Qu'ici tu me tiens chaque jour...
Laisse-moi faire mon ouvrage
Car je n'entends rien à l'amour !

— Semblable à l'onde murmurante,
Tu fuis, quand près de toi j'accours ;
Comme la colombe tremblante,
Tu crains d'écouter mes discours...
Pourtant, ton cœur tout bas soupire,
Tes grands yeux bleus sont caressants ;
Oui... mais ta candeur n'ose dire
Le feu secret que tu ressens.
— Mathurin, etc.

— Comme l'abeille qui voltige
Autour de la plus belle fleur,
Moi, j'éprouve un heureux prestige
Contemplant ta vierge fraicheur.

Sur ton beau cou que j'idolâtre
Si je veux ravir un baiser,
Ta main, blanche comme l'albâtre
Sait aussitôt me repousser.
— Mathurin, etc.

— Vois ce beau papillon qui passe
Incertain tel que l'avenir;
Il va, revient, puis dans l'espace
S'enfuit pour ne plus revenir...
La jeunesse aussi, ma Toinette
Part avec les jours du printemps;
Et trop tard alors on regrette
D'avoir perdu de doux instants.
— Mathurin, etc.

— Je sais bien que le temps s'envole,
Répondit cette fleur des champs;
Mais ce n'est pas ce qui désole
Une fillette de seize ans.
Pourtant si tu veux être sage
Jusqu'à la fin de la moisson,
Je t'autorise, en mariage,
A me demander sans façon.

— Enfin, tu conçois le langage
Que je te tenais chaque jour....
Et bientôt dans notre ménage
Tu comprendras aussi l'amour !

(Propriété de l'éditeur).

BOUM !!!
EN AVANT LA GROSSE CAISSE !
Paroles de Louis DELACHAUSSÉE
Air : Du bataillon d'Afrique.

Veut-on faire une réclame
L'on affiche : Tout pour rien !...

Ces mots réjouissent l'âme,
Et l'on entre au magasin ..
Le marchand sur ce qu'il vend
Dit qu'il perd, avec finesse :
Boum ! en avant la gross' caisse,   } bis.
Zing ! la gross' caisse en avant !

Ce beau gandin sans ressources,
En faisant son doigt de cour,
Parle au beau-père des courses,
Et de la bourse du jour ;
Mais il parle plus souvent
De ses quartiers de noblesse.
Boum ! en avant la gross' caisse   } bis.
Zing ! la gross' caisse en avant !

Le saltimbanque, à la fête
Déroule de grands tableaux
Qu'il montre avec sa baguette
En répétant aux badauds :
— Entrez, c'est le vrrrai moment!...
Force, agilité, souplesse ! —
Boum ! en avant la gross' caisse   } bis.
Zing ! la gross' caisse en avant !

Sans oublier le théâtre
Par des noms d'un pied de long,
Montre à la foule idolâtre
Des artistes en renom.
Les décors, le boniment,
Font le succès de la pièce.
Boum ! en avant la gross' caisse   } bis.
Zing ! la gross' caisse en avant !

Mais si, sur le sol de France
L'étranger osait venir,
Avec la folle espérance
De vouloir nous asservir ;

Nos canons dorénavant
Résonneraient sans tristesse.
Boum ! en avant la gross' caisse } *bis.*
Zing ! la gross' caisse en avant !

(Propriété de l'éditeur).

HISTOIRE DE CENDRILLON

Paroles d'Auguste HARDY

Air : *A la façon de Barbari.*

Gens de bon cœur qui m'entourez
Ouvrez bien les oreilles,
Et par-dessus tout retenez
La vie plein' de merveilles
De la gentille Cendrillon
La faridondaine, la faridondon !
La fillette au pied si petit
Biribi ! A la façon de Barbari,
   Mon ami !

Quand la belle reçut le jour
Un' bonne fée, sa marraine
Dit : Si l'on t' fait un mauvais tour
J' te sortirai de peine.
Puis elle embrassa Cendrillon
La faridondaine, etc.

La belle avait deux sœurs, dit-on,
Qu'aimaient fort la toilette ;
Car tout ce qu'était Benoîton
Ell's en faisaient emplette ;
Ce qui tourmentait Cendrillon
La faridondaine, etc.

Ces deux fill's avaient tant d' laideur
Qu'ell's pouvaient en revendre ;

Tandis qu'ell's s'amusaient, leur sœur
Se traînait dans la cendre,
C' qui fit qu'on l'app'la Cendrillon
La faridondaine, etc.

Un soir qu' chez un prince on dansait,
Cendrillon resta seule;
Mais la bonn' marraine veillait
Sur sa petit' filleule,
Qu'on app'lait partout Cendrillon
La faridondaine, etc.

La fée dit : Ici mon enfant
Tu sers de domestique;
Mais grâce à mon grand talisman
J' vas te fair' magnifique.
En rein' ell' changea Cendrillon
La faridondaine, etc.

La bonn' fée à ses pieds lui mit
Des pantoufles de verre,
En lui disant : Rentre à minuit,
Ou sans ça j' s'rai sévère...
En carross' monta Cendrillon
La faridondaine, etc.

La fillette, par sa beauté
Du princ' souleva l'âme,
Qui dit : Pour ma félicité
J' voudrais l'avoir pour femme !
Ainsi commença Cendrillon
La faridondaine, etc.

Les deux laid'rons crevant d' dépit
Quittèrent la soirée,
Tandis que leur sœur, à c' qu'on dit,
S'était très-attardée...
Enfin s'enfuit not' Cendrillon
La faridondaine, etc.

En partant, la belle perdit
Un' partie d' sa chaussure,
Le prince dit : J' s'rai le mari
De la bell' créature
Qui chauss'ra ce soulier mignon,
La faridondaine, v'là comm' Cendrillon,
Eut un gentil princ' pour mari
Biribi ! A la façon de Barbari
    Mon ami !

(Propriété de l'éditeur).

UN HOMME MALHEUREUX

BOUTADE

Paroles d'Auguste HARDY

Air: *Tu n'en as jamais rien su*, ou : *Des Auvergnats*.

Depuis que je suis sur terre
Pour faire nombre aux humains,
Hélas ! je ne ressens guère
Que peines, tourments, chagrins ;
Mes dents, à peine en enfance,
Poussèrent à qui mieux mieux,
Sans m'épargner la souffrance :
C' n'est pas l' moyen d'être heureux ! } *bis.*

Plus tard fallut à l'école
Aller m'enfermer les jours,
Obéir à la parole,
Suivre toujours bien les cours ;
A lire grammaire, histoire,
Quoique soyant studieux
Rien n'entrait dans ma mémoire :
C' n'est pas l' moyen d'être heureux ! } *bis.*

J'aime le jus de la treille,
Quand je veux en savourer,
La prudence me conseille
Toujours de me modérer,
Quand je bois une rasade
De vin, c'est délicieux,
Mais deux, me rendent malades : } bis.
C' n'est pas l' moyen d'être heureux !

Un jour d'une belle brune
Je devins très-amoureux,
Mais, me sachant sans fortune
Elle repoussa mes vœux ;
Comme il faut que je l'oublie,
Hélas ! je deviendrai vieux...
Vieux garçon toute la vie : } bis.
C' n'est pas l' moyen d'être heureux !

Bref, ce qui me désespère,
C'est qu'après tant de tourments,
Il me faut quitter la terre
Sans avoir eu d'agréments.
Je vous le dis, sans colère :
Mourir, c'est bien ennuyeux !...
Si je pouvais m'y soustraire : } bis.
Ça s'rait l' moyen d'être heureux !

(Propriété de l'éditeur)

UN DOUX RÊVE

ROMANCE

Paroles de **Louis DELACHAUSSÉE**

Air: *Ce que j'aime.* (J'aime entendre la rame).

J'aime du fond de l'âme
Tes jolis yeux d'azur
Jetant la vive flamme
Du diamant si pur ;
Ta bouche pudibonde,

Ton sourire joyeux,
Ta chevelure blonde
Et ses anneaux soyeux.

Voilà ce qu'en mon rêve
Tendrement mon cœur soupirait
A l'humble Geneviève (*bis*).
Que j'adore en secret !

J'aime ainsi que l'étoile
L'éclair de ta gaîté
Recouverte du voile
De la timidité,
Et de ta modestie
Le reflet lumineux,
Ta franche sympathie
Qui fait songer aux cieux !
   Voilà, etc.

J'aime quand le dimanche
Apporte le repos,
Te voir en robe blanche,
Simple, sans oripeaux,
A quoi bon la parure
Et son éclat pompeux,
Surtout quand la nature
T'en prodigua de mieux.
   Voilà, etc.

Ma seule souveraine
Mets fin à mes tourments,
Je veux passer, ma reine,
Près de toi mes moments :
Mon cœur n'est pas acerbe,
Mais il devient jaloux
Dans un écrin superbe
Garde-moi tes bijoux !
Mais déjà ce doux rêve,
Sans pitié, de moi s'enfuyait
Et l'humble Geneviève (*bis*)
Avec lui s'envolait !

(Propriété de l'éditeur).

LE GAMIN DE PARIS

CHANSONNETTE

Paroles d'**Auguste HARDY**

Air : *Ah! le bel oiseau, maman.*

REFRAIN :

Oui, je suis gamin d'' Paris,
 C' qui m'enchante,
  Je m'en vante !
Oui, je suis gamin d' Paris,
Je m'en vante et je m'en ris !

On m'appell' partout moutard,
Mais j'suis plus heureux qu' personne,
J' pass' ma vie sur le boul'vard
Sans qu' la gaieté m'abandonne.
 Oui, je suis, etc.

Si l'idé' de m' promener
Dans Paris semble me plaire,
Un fiacre vient à passer
Ma foi ! je saut' par derrière...
 Oui, je suis, etc.

Au théâtre j' veux aller
J'attends qu'on donne un' première,
Car on m' pai' pour cabaler :
J' fais encor ma p'tite affaire...
 Oui, je suis, etc.

Sans dîner au restaurant
J' sais fair' des repas d'élites
Avec des moul's, un hareng,
Ou deux sous d' pomm's de terr' frites
 Oui, je suis, etc.

J'ai plusieurs petits moyens
De gagner d' l'argent sans peine,

Pour un sou je baign' les chiens,
Ou j' lav' les ch'vaux dans la Seine.
   Oui, je suis, etc.

Quand j' vois quelqu'un se noyer
D'un bond j' saut' dans la rivière,
Je l'attrap' sans sourciller
Et le ramèn' vers la terre !
   Oui, je suis, etc.

Bref ! je trouve ma gaieté,
Mes plaisirs économiques,
Dans la rue, à volonté
Ou bien sur les plac's publiques !
   Oui, je suis, etc.

Si vous voulez v'nir me r'voir
Pour apprendr' c'te rigolade,
J' la raconte ici chaqu' soir,
Excepté quand j' suis malade !
   Oui, je suis, etc.

                (Propriété de l'éditeur).

AH! J'AI-T-Y DU GUIGNON

Paroles de J.-E. AUBRY

Air : *Avec son petit riquiqui.*

Depuis longtemps j'adore
Une jeune beauté,
Le feu qui me dévore
M'a r'tiré ma gaieté.
Jour et nuit, à toute heure,
J' cass' marmite et poêlon,
J' crois que j'ai des mains d' beurre
De mélasse ou d' savon.
Ah ! j'ai t-y du guignon (*bis.*)
Ah ! mon Dieu ! que j'ai du guignon !

L'aut' jour, c'était dimanche,
J'allais voir mon parrain,
J'avais un' cravat' blanche,
Un pantalon d' nankin.
Tout l' mond' comme un' chos' rare
Me r'gardait dans l' canton,
V'là-t-il pas qu' dans la mare
J' m'enfonc' jusqu'au menton.
Ah ! j'ai ti, etc.

Un jour, je vois des prunes,
De vraies prun's de Monsieur,
Pour en prendr' quelques-unes
Je grimp' sans avoir peur.
Tout à coup la branch' casse
Et par mon caleçon
J' suis pendu dans l'espace
D' la hauteur d'un second.
Ah ! j'ai ti, etc.

Le mois passé ma tante
Me donn' par testament
Une maison charmante,
Mais quel désenchant'ment.
Comme un propriétaire
Quand j' crois jouir pour tout d' bon,
V'là-t-il pas que l' tonnerre
Me brûle ma maison.
Ah ! j'ai ti, etc.

Jadis j'étais ingambe
Autant qu'un écureuil,
Maint'nant que j' boit' d'un' jambe,
Un coq m'a crevé l'œil.
L' nez qui par' ma figure
A la form' d'un ognon,
Et, grâce à la nature
J'ai l' dos comme un ballon.
Ah ! j'ai ti, etc.

(Propriété de l'éditeur).

L'AGNEAU DE JEANNE

PASTORALE

Paroles d'Auguste HARDY

Air : *Du nid de mousse,* ou : *La jeune fille à l'éventail.*

Au bord d'une belle fontaine
Jeanne, la bergère mirait
Un petit agneau dont la laine
Était blanche comme du lait ;
Il laissait, à chaque caresse
Echapper un doux bêlement,
Aussi la belle avec ivresse,
Chantait ce refrain tendrement :

    Gardez-vous, gentilles bergères
    De laisser prendre vos moutons,
    Si vous voulez être fermières
    Il faut éviter les gloutons.

Fargeau, l'amoureux de la belle
En passant entendit ces mots,
Aussitôt s'approchant près d'elle
Il dit, en tenant ses sabots :
Je viens d'acheter un bel âne.
Avec votre joli mouton,
Nous monterons, ma chère Jeanne
Une ferme dans ce canton.

    Fargeau, répondit la bergère,
    Je vous donne mon beau mouton,
    Oui, demain je serai fermière
    Et n'aurai plus peur du glouton.

Sitôt, à l'autel du village
Jeanne était madame Fargeau ;
Un an après son mariage
Aux jeunes filles du hameau,

Elle disait : Belle jeunesse
Si vous voulez vous marier,
Il faut avoir de la sagesse
Pour trouver un mari fermier.

Gardez-vous, gentilles bergères
De laisser prendre vos moutons,
Si vous voulez être fermières,
Il faut éviter les gloutons.

(Propriété de l'éditeur).

LE BERGER ET LA BERGÈRE
ET
RÉPONSE DE LA BERGÈRE AU BERGER
PASTORALE BURLESQUE

Paroles de J.-E. AUBRY

Air : *Des enfants de Bacchus*

Depuis que je vous vis un jour gardant vos vaches,
J'ai senti dans mon cœur naître les feux d'amour,
Pour vous j'ai fait couper ma barbe et mes moustaches,
Et je me débarbouille au moins trois fois par jour.
Car je n'aime que vous, vous que Dieu fit si belle
Si bell' que je ne suis qu'un monstre auprès de vous,
Bergère, mes amours, ne soyez pas cruelle,
J'ai bien assez souffert pour être votre époux !

Avant de vous aimer je n'étais qu'un peu bête ;
Mais hélas ! maintenant je le suis tout de bon.
Vos beaux yeux bleus d'azur me font tourner la tête,
A ne plus pouvoir mettre un bonnet de coton.
Pour me coiffer vous-même, aimable créature,
Donnez-moi votre main, et votre cœur aussi.
On dit que vous avez du goût pour la coiffure :
Que je serais heureux, d'être... votre mari !

Berger, mon beau berger, votre tendre langage
Fait palpiter mon cœur ; mais, je vous fais savoir
Que l'on m'attend chez nous pour faire du fromage;
Je pleure votre barbe, elle était d'un beau noir.
Si, pour moi vous avez fait couper vos moustaches,
Vous les revoir encor est mon vœu le plus doux;
Leurs poils étaient soyeux comme ceux de nos vaches,
Faites-les repousser, vous serez mon époux.
Je sais bien que l'esprit n'a pas dans votre tête
Passé devant notaire, un bail de trois, six, neuf,
Bien que de votre aveu vous soyez un peu bête,
Vous ne porterez pas la parure d'un bœuf.
Je marche les pieds nus ; mais j'ai des mœurs honnêtes
Et j'ai l'odorat fin, retenez bien ceci :
Il vous faudra changer plus souvent de chaussettes
Quand, pour notre bonheur, vous serez mon mari !

(Propriété de l'éditeur).

LE BAL DU PAYS

CHANSONNETTE
Paroles d'Auguste HARDY

Air : *J'ai un pied qui r'mue*

Camarad's je vas vous conter *(bis)*
Si vous voulez ben m'écouter, *(bis)*
   L'endroit du pays
Où c' qu'on trouv' le plus d' réjouissance,
   C't' endroit du pays,
C'est notre bal mes bons amis.

REFRAIN :

Au bal de cheux nous
Qu'on a d' plaisir à la danse,
Au bal de cheux nous
On danse comme des fous !

Aussitôt que l' pèr' Mathurin (*bis*)
A mis l'archet sur son crincrin, (*bis*)
    Filles et garçons
Pour danser, tous joyeux s'apprêtent,
    Filles et garçons
Dansent au son des violons.
    Au bal, etc.

Tout's les fill's sont bell's à ravir, (*bis*)
Qu'on a d' l'embarras pour choisir ; (*bis*)
    Annette ou Babet,
Alphonsin' Maria, Justine,
    Annette ou Babet,
Chacun' a son p'tit air coquet.
    Au bal, etc.

Qu'on aime à faire une polka (*bis*)
Avec la petit' Célina, (*bis*)
    Son p'tit pied léger
Glisse avec un bien-être extrême,
    Son p'tit pied léger
Vous met votre cœur en danger...
    Au bal, etc.

Quand un garçon veut s' marier (*bis*)
Faut voir les fill's l'entortiller (*bis*)
    Pour le fair' danser
De tous côtés ell's se l'arrachent,
    Pour le fair' danser
Aucun' d'ell's ne peut se lasser.
    Au bal, etc.

C' qui vous met surtout en gaieté (*bis*)
Quand vous avez bien gigotté, (*bis*)
    C'est le p'tit clairet
Qu' Ramponneau vous sert sur la table,
    C'est le p'tit clairet
Qui vous rend tout guilleret.
    Au bal, etc.

Quand vient le moment de partir (*bis*)
Chaque amoureux pousse un soupir, (*bis*)
 Puis au bout d'quéqu' temps
Dans l'pays se fait un mariage;
 Puis au bout d'quéqu'temps
On baptis' leurs petits enfants !
 Au bal, etc.

(Propriété de l'éditeur).

ESPOIR DU COEUR

Paroles d'**Auguste HARDY**

Air: *Comme à vingt ans.*

 Avant que Maria
 Ne charme ma pensée,
 Mon esprit s'égaya
 De ma vie insensée;
 Mais depuis le beau jour
 Où je vis cette blonde,
 Ma Muse avec amour
 Ne chante qu'elle au monde.
Et depuis ce moment, interrogeant mon cœur,
Je me dis : N'est-ce pas que c'est le vrai bonheur !

 Pour cet ange divin
 Je donnerais ma vie,
 Car cet amour sans fin
 A borné mon envie.
 Oh ! que j'étais heureux !
 Le soir, où, je l'avoue,
 Je déposai, joyeux,
 Un baiser sur sa joue.
Et depuis, etc.

Pour moi quel avenir !
Que de bonheur sur terre,
Voulant, pour l'obtenir,
Tout ce qui peut lui plaire;
Quand ce moment viendra,
Quelle ivresse dans l'âme !
Lorsqu'elle répondra
A ma brûlante flamme !
Et toujours plein d'espoir, interrogeant mon cœur,
Je me dis : son amour fera mon vrai bonheur !

(Propriété de l'éditeur).

UN JOUR DE FÊTE

Paroles d'Auguste HARDY

Air: *Laissez les roses aux rosiers,* ou: *Non, tu n'es plus ma pâquerette.*

Claire, hier était souriante,
Levant son regard vers les cieux:
Chacun la trouvait ravissante,
Tout en elle était radieux.
C'est qu'hier la gentille Claire
Allait acheter de bon cœur,
Un cadeau pour sa vieille mère,
Car c'est elle tout son bonheur !

On la remarquait dans la ville,
S'arrêtant à chaque marchand,
Quand son regard doux et tranquille
Se frappa d'un objet charmant :
C'était une croix merveilleuse
Qu'elle échangea contre son or,
Pour la donner, toute joyeuse,
A sa mère, son doux trésor !

Pierre, l'amoureux de la belle,
L'épiait à chaque moment,
Quand il vit l'achat fait par elle,
Il choisit au même marchand
Un anneau qu'il offrit en gage
A la mère que l'on fêtait,
Qui consentit au mariage
Du jeune couple qui s'aimait.

Voilà pourquoi la belle Claire
Est si joyeuse maintenant,
C'est qu'elle épouse le bon Pierre
Le bon Pierre qui l'aime tant.
Ils ont toujours aimé l'ouvrage,
Ils ont tous deux, gaieté, bon cœur;
Voilà pourquoi ce mariage
Est pour le pays du bonheur !

(Propriété de l'éditeur).

AU BORD DU FOSSÉ, LA CULBUTE

CHANSON PROVERBE

Paroles de **Louis DELACHAUSSÉE**

Air : *C'est dans l'nez qu' ça m' chatouille* (de l'Alcazar);
ou : *Les Coquilles*; ou : *L'Apothicaire.*

Aéronautes dans les airs,
Par une route peu commune,
Vous allez, bravant les revers
Espérant atteindre la lune.
L'on peut, de ce pays lointain
Dégringoler sans parachute;
Quand le pied trouve l'incertain } *bis.*
Au bord du fossé la culbute.

Par un luxe trop éclatant
Ce pédant à l'allure fière,
Vit engloutir en un instant
Le bien que lui légua son père...
En vain il cherche à rebeller,
Le sort a résolu sa chute ;
Il est trop tard pour reculer
Au bord du fossé la culbute. } bis.

Je ris de voir un vieux grison
Aux genoux d'une tourterelle,
Par un discours (hors de saison)
Lui vanter son ardeur fidèle.
Pourquoi cet amour obstiné
Quand la volupté te rebute...
Allons, fanfaron suranné
Au bord du fossé la culbute. } bis.

Honneur à vous, soldats français !
Enfants chéris de la Victoire !
Votre courage et vos succès
Seront burinés dans l'histoire !
L'on vous vit mainte et mainte fois
Sortir triomphants de la lutte,
Criant à l'ennemi sournois :
— Au bord du fossé la culbute ! } bis

Tous les humains, du même pas
Montent la pente de la vie.
Mes amis, ne nous pressons pas,
Elle serait trop tôt gravie...
Parons de roses le chemin
Jusques au sommet de la butte...
Pluton peut nous dire demain
Au bord du fossé la culbute ! } bis.

LA MOISSON

CHANT RUSTIQUE

Paroles de **A. HALBERT** et **A. DUVAL**.

Air : *Pour faire un nid.*

REFRAIN :

C'est la moisson !.. les blés superbes
Peuvent porter des oisillons ;
C'est la moisson !... qu'à pleines gerbes
Tombent les blés dans les sillons.

L'horizon, de feux étincelle
Tous, ils sont là, jeunes et vieux ;
La sueur de leurs fronts ruisselle,
Qu'importe ? Ils travaillent joyeux.
Et pendant que la faux entame
Orge, seigle, avoine, méteil,
De l'acier la tranchante lame
Reflète, en éclairs, le soleil.

C'est la moisson, etc.

Le fermier, la face sereine
Songe à l'achat d'un petit bois ;
Berthe sera comme une reine,
Pierre aura son gâteau des rois.
Ainsi l'homme toujours devance
L'avenir, hélas ! ténébreux.....
Mais un lourd chariot s'avance
A travers les guérêts poudreux.

C'est la moisson, etc.

C'est le premier, chacun l'accueille
Avec des cris, avec des chants,
Et pour l'orner gaiement on cueille
Rameaux, feuilles et fleurs des champs.

Hors de lui, se sentant renaître
Un vieillard a saisi l'archet;
Il prélude, et l'on peut connaître
Qu'il lui manque un certain cachet.
C'est la moisson, etc.

Après tout, c'est là peu de chose.
Quand on a le jarret fougueux,
Quand un vin à la teinte rose
Pétille dans des brocs rugueux.
Ecoutez craquer sous la meule
Le grain doré, sonore et mûr...
Que de sacs, pleins jusqu'à la gueule
Sont alignés contre le mur.
C'est la moisson, etc.

Dimanche vient. Chacun contemple
Avec un doux ravissement
La sainte offrande, dans le temple,
D'un large pain de pur froment.
Et pour qu'une telle journée
Ne trouve que des cœurs ravis,
A l'orpheline abandonnée
On laisse encor quelques épis.
C'est la moisson, etc.

(Propriété de l'éditeur).

ATTENDS ENCOR

ROMANCE

Paroles de **Louis DELACHAUSSEE**

Air: *Je t'aime encor.*

Comme l'oiseau dans le feuillage
Aime à trouver un sûr abri,
Quand au loin retentit l'orage,
Et que le ciel bleu s'assombrit.

REFRAIN :

J'aime ton chatoyant sourire,
Qui laisse entrevoir ton cœur d'or,
Et qui, tout bas, semble me dire :
Pour être heureux, attends encor.

Ainsi que la fleur de la plaine,
Aime du caressant Zéphyr,
La douce et bienfaisante haleine
Qui, le soir, la fait tressaillir.
J'aime, etc.

Comme le ruisseau qui murmure
Aime à couler avec douceur,
Tout en serpentant la nature
Pour lui rendre un peu de fraîcheur.
J'aime, etc.

Ainsi qu'on aime l'espérance,
Lorsqu'on n'osait plus l'entrevoir,
Et que l'on aime après l'absence
L'instant où l'on doit se revoir.
J'aime, etc.

Comme l'écho de la vallée
Aime à redire, avec amour,
Ton nom, que ma voix désolée
Prononce à la chute du jour !
J'aime, etc.

(Propriété de l'éditeur).

LES OIGNONS

Paroles d'Edouard MARTIN

Air : *De la manière de s'en servir.*

Ça, mes amis, que chanterai-je
Qui soit agréable et nouveau ?
Ma foi ! chaque poëte abrége
La liste où puisait le Caveau.
Or, qu'on m'en loue ou qu'on m'en blâme
Puisqu'on usa dans les chansons :
Le vin, le printemps et la femme,
Je vais vous parler des oignons :

Ce légume en vaut bien un autre,
C'est l'Héraclite du jardin ;
Tartufe s'en est fait l'apôtre
Et Tartufe est toujours malin.
La mort et ses sombres alarmes,
Le mal, le crime et les prisons,
A l'homme ont tiré moins de larmes
Que n'en ont tiré les oignons.

Assurément dans les ménages
Il joue un rôle assez marquant,
Et les épouses les plus sages
En font un usage fréquent.
Pauvres maris, laissez-nous rire :
Il vous faut essuyer, mignons,
Avec un riche cachemire
Des pleurs causés par les oignons.

Mais chacun a son tour sur terre,
Et ce légume impartial
Du moment qu'il est nécessaire
Rend à tous un service égal.

Prenez donc garde, ô bonnes âmes,
D'écouter vos émotions,
Car les maris comme les femmes
Connaissent l'emploi des oignons.

Du reste, ici-bas, qui l'ignore ?
Pleurs d'écoliers et pleurs d'amants,
Larmes d'acteur à voix sonore,
Pleurs versés aux enterrements,
Larmes d'un coquin qu'on condamne :
C'est assez mon opinion,
Que ces larmes-là, Dieu me damne !
Ne sont que des larmes d'oignon.

(Propriété de l'éditeur).

BOULE-EN-DOS
OU
LE BOSSU AMOUREUX

Paroles de J.-E. AUBRY

Air : *A la façon de Barbari.*

Apprenez tous que Boule-en-Dos
   Me demande en mariage ;
Il me fait toujours des cadeaux
   Pour monter not' ménage.
Hélas ! il a le dos si rond
   La faridondaine
C'est comme un ballon ;
Non, je n'veux pas d'lui
   Pour mari
   N, i, ni,
Non, je n'veux pas d'lui
   Pour mari
   C'est fini.

Allant bras dessus bras dessous
   Promener un dimanche,
Tout l' monde avait les yeux sur nous,
   Y m' venait à la hanche.
Il se donnait l'air fanfaron
    La faridondaine
  Avec un lorgnon;
Non, je n' veux pas d' lui, etc.

Lorsqu'il me dépeint son amour
   Ses yeux sort'nt de sa tête,
Sa bouche, grande comme un four
   Rend le son d'un' trompette.
Son nez, qu'a la form' d'un ognon
    La faridondaine
Sonn' comme un clairon;
Non, je n' veux pas d' lui, etc.

Pour qu'il ne vienne plus me voir
   Sans cesse je le boude;
Je lui dis, du matin au soir :
   Lâchez-moi donc le coude.
Je sais qu' vous m'aimez pour tout d' bon
    La faridondaine
Mais moi je dis non.
Non, je n' veux pas d' lui, etc.

Je sais très-bien qu'il est cossu
   Et, de plus économe;
Mais je ne veux pas d'un bossu;
   Il me faut un bel homme.
Qu'il ait au moins six pieds de long
    La faridondaine.
Et très-beau garçon.
Non, je n' veux pas d' lui, etc.

              (Propriété de l'éditeur.

LE MORT VIVANT

CHANSONNETTE

Paroles d'Ad. MARGUERIT

Air: *De la manière de s'en servir*, ou: *Les anguilles et les jeunes filles.*

L'autre jour j'ai fait un beau rêve,
Car j'ai rêvé que j'étais mort ;
Mais faut-il qu'un songe s'achève,
J'étais si content de mon sort.
Ne m'accusez pas de délire,
Je vais vous répondre à l'instant ;
Mais, de grâce laissez-moi dire :
Ah ! pourquoi suis-je encor vivant ?

Entre nous, ici je confesse,
Dût-on m'appeler fainéant,
Que j'ai toujours, de la paresse,
Fait mon plus réel agrément.
Si pour lit, j'avais une bière,
Du moins, un travail exigeant
Alors ne m'éveillerait guère ;
Ah ! pourquoi suis-je encor vivant ?

L'amitié, c'est la perle rare ;
La haine encombre le chemin,
Et d'indulgence on est avare
Dans notre pauvre genre humain.
Ceux qui m'auraient jeté la pierre
Jetaient en cet heureux moment
De l'eau bénite sur ma bière ;
Ah ! pourquoi suis-je encor vivant ?

Ma femme qui jamais sur terre,
Ne compâtit à ma douleur,
Me sembla bonne ménagère,
Et je regrettai mon erreur.

Elle, dont les plaintes bizarres
Vont, de tous défauts m'accusant,
Pleurait sur mes qualités rares ;
Ah ! pourquoi suis-je encor vivant ?

Je vis, quand partit le cortége,
Moi, l'un des humbles d'ici-bas,
Chacun, par un doux privilége,
Devant moi mettre chapeau bas.
Bref, on allait me mettre en terre,
Et je croyais, heureux moment !
N'avoir plus de propriétaire ;
Ah ! pourquoi suis-je encor vivant ?

(Propriété de l'éditeur).

UN CŒUR A BERTHE

Paroles d'**Armand LIMBEAU**

Air : *De la jeune fille à l'éventail,* ou : *Des louis d'or,* ou : *Où vas-tu, petit oiseau.*

REFRAIN :

O toi qui lis dans ma pensée,
Sylphe léger, enfant du ciel,
Porte, de mon âme oppressée,
Les chants aux pieds de l'Eternel !

Berthe est la douce enfant que j'aime,
Son doux regard seul m'a charmé ;
Mon seul vœu, mon bonheur suprême,
Est de l'aimer, d'en être aimé,
Ah ! si son cœur pouvait comprendre
Ce que le mien souffre en ce jour,
Peut-être viendrait-elle rendre
Un peu d'espoir à mon amour.
    O toi qui lis, etc.

J'aime sa longue chevelure
Tombant en flots blonds sur son front,
C'est l'or, l'azur et la nature,
Non, c'est le ciel qui s'y confond.
Le lys de la belle vallée
Est moins pur que son noble cœur,
Oui, quand son âme dévoilée
Nous laisse entrevoir sa candeur.
    O toi qui lis, etc.

Sa voix, c'est l'onde qui murmure,
C'est un écho venu du ciel,
C'est la note suave et pure
D'un chant sublime et solennel.
Malheur à qui vient, l'âme émue,
Ouïr ses chants mélodieux,
Enfants, c'est une âme perdue,
Un cœur errant et malheureux!
    O toi qui lis, etc.

(Propriété de l'éditeur).

AMOUR ET PATRIE

Paroles d'Amand LIMBEAU

Air: *De demoiselle et grisette*, ou : *Des feuilles mortes*, ou
De la plainte du mousse.

Ne m'as-tu pas juré, dans un jour d'allégresse,
Tout l'amour de ton cœur? Songe à ce doux serment.
Oui, je le sens, hélas ! à ma folle tristesse,
J'en mourrai de douleur, si, faible, il se dément.
A toi tous les pensers de ma vie, ô Marie !
A toi les rêves d'or de mes plus heureux jours *(bis)*
Car je n'aime que toi, mon drapeau, ma patrie ! } *bis.*
A vous mes chants de gloire, ô mes seules amours! }

En revoyant les lieux où coula notre enfance,
Ton cœur ému de joie, enivré de bonheur,
Pensera-t il, hélas! à l'affreuse souffrance,
Aux tourments inouïs qui dévorent mon cœur.
Pauvre amant éperdu, triste en ma rêverie,
Soutenu par l'espoir, je t'attendrai toujours. *(bis)*

   Car je n'aime que toi, etc.

A mon noble pays, je dois tout mon courage,
Oui, je dois tout mon sang à son brillant drapeau;
Mais, à toi mon amour et mes vœux sans partage,
De mes jours n'es-tu pas le céleste flambeau?
Sois le rayon béni de ma Muse chérie,
Inspire-lui des chants qui te plaisent toujours. *(bis)*
Car je n'aime que toi, mon drapeau, ma patrie! } *bis*
A vous mes chants de gloire, ô mes seules amours!

              (Propriété de l'éditeur).

MOI
J'AIME A PENSER LE CONTRAIRE

Paroles de Louis DELACHAUSSÉE

Air: *V'là pourtant comm' j' serai dimanche,* ou: *Je n'*
    pas l'honneur de vous connaître.

   Il est des gens qui n'aiment rien,
   (Certes, je plains ces gens moroses);
   Cependant ils aiment fort bien
   Voir le mauvais côté des choses :
   Ils blâment tout... et le progrès
   Qui de jour en jour nous éclaire
   Est par eux réputé mauvais;
   Sans être optimiste à l'excès,
   Moi, j'aime à penser le contraire. *(bis)*

On dit que la franche gaieté
Qui caractérisait la Gaule,
N'est plus qu'un vain mot répété
Que le siècle dix-neuf contrôle.
Comment feraient alors les gueux
Pour narguer la fauve misère ?...
La bonne humeur n'est plus chez eux
Mais quand je les vois tous heureux
Moi, j'aime à penser le contraire. (*bis*)

De toutes parts on dit aussi
Qu'il n'est plus d'âmes charitables,
Qu'on ne peut trouver un ami
Ayant des sentiments louables ;
Que ce n'est qu'à douze du cent
Qu'on oblige son propre frère,
Quand je vois un simple artisan
Donner aux pauvres en passant,
Moi, j'aime à penser le contraire. (*bis*)

On dit, enfin, que la beauté
Se vend comme une marchandise ;
Que la douce sincérité
Est chose, aujourd'hui, qu'on méprise.
Lorsque je vois, de temps en temps,
Une humble et bonne ménagère,
Belle comme un jour de printemps
Aimant son époux, ses enfants,
Moi, j'aime à penser le contraire. (*bis*)

(Propriété de l'éditeur).

UN MARI QUI RESTE SIX ANS
A LA PÊCHE

Paroles de J.-E. AUBRY.

Air : *Du sire de Framboisy.*

Dieu ! que les hommes sont changeants aujourd'hui (bis)
J'en avais un que je trouvais gentil : (bis)
Il m'a su plaire, en me disant ceci : (bis)
C'est vous que j'aime, prenez-moi pour mari. (bis)
J'ai répondu : Moi, je vous aime aussi. (bis)
De joie le traître saute comme un cabri ; (bis)
A ma famille, il va dire ceci : (bis)
De votre fille, je suis l'amant chéri. (bis)
Mariez-nous, ou sinon je péris. (bis)
Le mariage est à peine fini (bis)
Qu'il me délaisse dans mon pauvre logis. (bis)
Moi, je suis femme, et j'ai ma tête aussi : (bis)
Un beau matin j'abandonne Paris, (bis)
Et jusqu'en Chine, je voyage la nuit ; (bis)
Puis de la Chine, je passe en Sibérie ; (bis)
De Sibérie, je passe en Italie ; (bis)
De l'Italie, j'arrive à Saint-Denis. (bis)
J'avais perdu mes bottines vernies, (bis)
J'entre pour boire, en pleurant mon mari (bis)
Dans un café, le plus beau du pays ; (bis)
Là, je demande un verre d'eau-de-cassis, ((bis)
Car je ne peux pas boire d'eau-de-vie. (bis)
Comme j'allais retourner à Paris, (bis)
Un pochard entre, aux trois quarts étourdi. (bis)
Fermez la porte ! aussitôt que je crie, (bis)
Mon cœur retrouve l'ingrat qui m'a trahie, (bis)
Voilà six ans que je cours après lui. (bis)
Ma chaste épouse, ne criez pas ainsi : (bis)
Voilà six ans que je pêche à Bercy. (bis)
Ça tombe bien, j'aime le poisson frit, (bis)

Depuis six ans, tu dois en avoir pris. (*bis*)
Buvons la goutte, et que tout soit fini. (*bis*)
Maris volages, écoutez bien ceci : (*bis*)
Loin de vos femmes, ne pêchez qu'à Bercy. (*bis*)

(Propriété de l'éditeur).

LES RAYONS DE SOLEIL

ROMANCE

Paroles d'Armand MORDRET.

Air : *Béranger à l'Académie;* ou : *Dans un grenier qu'on est bien à vingt ans.*

J'entends déjà babiller ma fauvette,
De joyeux chants se font entendre au val
Et le soleil, visitant ma chambrette,
Vient me donner son bonjour matinal.
Le cœur content et la bourse légère,
Chaque matin, je vois à mon réveil
Ces beaux rayons qui me disent : espère !
Salut à vous, gais rayons de soleil

Le timbre aimé d'une voix argentine,
Vient m'apporter des sons mélodieux?
Déjà levée? Oh ! l'aimable voisine
Redoute peu d'abimer ses beaux yeux :
Chastes rayons; volez, courez vers elle,
Surprenez là dans un simple appareil ;
Ah ! vue ainsi, quelle doit être belle !...
Salut à vous, gais rayons de soleil.

Je vous salue envoyés du grand maître,
Qui protégez les fleurs et les moissons ;
Je suis heureux quand je vous vois paraître,
Car votre aspect m'inspire des chansons ;
Je sens l'amour vivifier mon âme,
A l'horizon tout m'apparaît vermeil ;
Tout m'éblouit, me fascine et m'enflamme !
Salut à vous, gais rayons de soleil.

Quand vient la nuit !... quel funèbre silence !
L'oiseau de nuit seul voltige dans l'air !...
L'astre paraît, et soudain, sa présence
Est le signal d'un immense concert ;
Chaque obligé l'invoque à sa manière
Et la nature entière est en éveil,
Pour réciter la commune prière :
Salut à vous, gais rayons de soleil.

Le soleil luit, il luit pour tout le monde.
L'égalité préside à ses banquets ;
Du haut des cieux sur la terre et sur l'onde
Grands et petits ont part à ses bienfaits.
Les bois, les fleurs, les oiseaux et les hommes
Avec ferveur attendent son réveil :
Du monde entier ranimez les atômes.
Salut à vous, gais rayons de soleil.

(Propriété de l'éditeur).

FALLAIT PAS EN BOIRE

OU

LES MAUVAIS EFFETS DU VIN

CHANSONNETTE

Paroles d'**Auguste HARDY**

Air : *Fallait pas qu'y aille.*

Amateurs de merveilles,
Rataplan, tirelire pan !
Ouvrez tous les oreilles
Pour un récit touchant :
   Un lundi soir,
   Qu'il faisait noir,
Deux ribotteurs ensemble
S' dir'nt : Il nous semble

Que le picton
Nous fait perdr' la raison.
— Tiens, Grégoire !   } bis.
— Quoi ! Magloire ?
— Eh ! Mon vieux,
C'est tant mieux,   } bis.
Fallait pas en boire ! (*bis*)
   C'est tant mieux !

Viens, quittons cette table,
Rataplan, tirelire pan !
Envoyons tout au diable,
Dit Grégoire en s' levant.
   Prenons-nous l' bras,
   Pressons le pas,
R'gagnons nos domiciles,
Nous s'rons tranquilles
Un' fois chez nous
Comm' de gentils bijoux.
— Tiens, Grégoire, etc.

En longeant une rue,
Rataplan, tirelire pan !
Magloir' dit : j' sens ma vue
Faiblir sensiblement.
   J' vois qu' nous tournons,
   Car les maisons
Ont l'air de faire un' ronde,
J' comprends le monde ;
Mais j' sens que l' vin
Nous fait perdr' notr' chemin ?
— Tiens, Grégoire, etc.

Pour moi, j' sens qu' mes pauvr' jambes
Rataplan, tirelire pan !
Refusent d'être ingambes,
Dit Grégoire en pleurant.
   Couchons-nous là,
   Puisque c'est ça ;

J'en suis plein de tristesse,
Car cett' faiblesse
M' fait tant souffrir,
Que j'ai peur d'en mourir.

Tiens, Grégoire, etc.

Soulag' moi, camarade,
Rataplan, tirelire pan !
Car je suis bien malade,
Dit Magloir' faiblement.
   Las ! Tu sais bien
    Que j' n'y puis rien.
R'gagnons notre ménage
   Avec courage.
   Jurons, ami
D' plus fair' la saint Lundi !

Tiens, Grégoire, etc.

(Propriété de l'éditeur.

C'EST DÉSOBLIGEANT

CHANSONNETTE

Paroles de Louis DELACHAUSSÉE

Air : *Ça vous coupe la gueule à quinz' pas.*

Être cinq ou six à parcourir les champs
Joyeux de l'espoir qui vous berce,
Et que, tout à coup s'obscurcisse le temps,
Et vous arrose d'une averse ;
Se trouver comme des canards
Mouillés, trempés, n'ayant pas de rifflards,
Et revenir en pataugeant,
J'en conviens, c'est désobligeant !

Avoir pour maîtresse une blonde aux yeux doux
Depuis peu dans son domicile,
Et d'être obligé, pour gagner quelques sous
D'aller travailler par la ville ;
Enfin, que cet ange endiablé
Soit de chez vous pour toujours envolé
En emportant tout votre argent,
J'en conviens, c'est désobligeant !

Sortir de chez soi pour aller bien dîner
Lorsque l'appétit vous y force,
Et de se trouver contraint d'y renoncer
Se donnant, en route, une entorse ;
Et de ne voir guérir son mal
Qu'au bout d'un mois qu'on passe à l'hôpital,
Encor, d'en sortir bancalant,
J'en conviens, c'est désobligeant !

Recevoir, sans voir, dans la bouche et les yeux
De la poussière ou de la cendre,
Un renfoncement par un malencontreux,
Un coup de pied qu'on ne peut rendre ;
Etre assailli par des moutards,
Et mis au poste avec plusieurs pochards,
Comme un perturbateur méchant,
J'en conviens, c'est désobligeant ?

(Propriété de l'éditeur).

L'EFFET DU HASARD

CHANSONNETTE

Paroles d'**Auguste HARDY**

Air : *C'est la manière de s'en servir*, ou : *Les anguilles et les jeunes filles.*

Depuis que j' marche sur la terre
Je mèn' la vie bien drôlement ;

Je prends tout d' la même manière
N'importe le lieu, le moment.
M'arrive-t-il une aventure
Qui m' cause en mon travail un r'tard.
Je m' dis : Mon vieux, dans la nature
Tout n'est que l'effet du hasard.

Ayant juré, dans mon jeune âge
Que je serais toujours garçon,
Apprenant qu' j'étais en ménage
Un ami m' disait : Mon luron,
Tu vois que t'as fait comme un autre ;
On finit par là tôt ou tard.
J' lui répondis, en bon apôtre :
Mon cher, c'est l'effet du hasard.

C'était dans l' moment des vendanges,
Je trouvais l' nouveau jus si doux
Qu'à force d' lui fair' des louanges,
Je voyais tout sens dessus d'ssous.
En rentrant j' vois qu' ma ménagère
Avait la colère en son r'gard ;
Pour la calmer, j' lui dis : Ma chère,
Ça n'est que l'effet du hasard.

Fair' du bien, voilà ma devise ;
Un soir que j' rentrais du travail,
En passant devant notre église,
J' vis un nouveau-né sous l' portail.
Je l' pris dans mes bras comme un père ;
Ma femme, en voyant le moutard
Dit : Je lui servirai de mère,
Puisque c'est l'effet du hasard.

(Propriété de l'éditeur).

DÉCLARATION D'AMOUR
D'UN AUVERGNAT

CHANSONNETTE

Paroles d'**Halbert** (d'Angers).

Air : *Tir' toi d'la comm' tu pourras.*

Je veux, à la Mi-Carême,
Blanchisseuse, mes amours,
Pour te prouver que je t'aime
T'orner de brillants atours.
Plus vivement que l'eau marche,
Ma pensée en te voyant
Laver ton linge sous l'arche,
Bras retroussés et chantant.
Quand ton battoir fait pan! pan!
    Ma joyeuse
    Blanchisseuse,
Quand ton battoir fait pan! pan!
Mon pauvre cœur fait vli! vlan!

Ton savon et ta javelle
Rendent un éclat nouveau
Au gros chanvre, à la dentelle
Que tu rinces dans ton seau.
Que je voudrais, ô ma belle,
En brosse changer demain
Afin de remplacer celle
Que presse ta blanche main!

Quand ton, etc.

Les plis de ta collerette
Se gonflent sous tes soupirs ;
A moi, penses-tu, brunette?
Là, se bornent mes désirs.

Qu'elle est heureuse, la planche
Que fixe ton grand œil noir,
D'où l'eau mousseuse s'épanche
Sous les coups de ton battoir.
Quand ton, etc.

Pour un souris de ta bouche
Je donnerais mon tonneau,
Et, ce qui bien plus me touche,
Ma jument ! — Ange si beau.
Prends donc en pitié ma peine,
Laisse ton cœur s'attendrir
Ou dans ses flots verts, la Seine
Va ce soir m'ensevelir.
Quand ton, etc.

Sur ton baquet, sur ta batte,
Je jure, foi d'Auvergnat,
Comme un chat aime sa chatte
T'adorer, mon petit rat.
Tourne vers moi ta prunelle,
Daigne à mes vœux compâtir
Ou je crains que ma cervelle
Fonde, soit dit sans mentir.
Quand ton, etc.

(Propriété de l'éditeur).

ADOLPHE ET CÉLESTINE
OU LA DÉCLARATION

BLUETTE

Paroles d'**Auguste Hardy**.

Air : *Les Baisers de ma mère*; ou : *Laissez les roses aux rosiers.*

Adolphe, aux pieds de Célestine
S'est mis hier en soupirant ;

Lors, une teinte purpurine
Envahit son minois charmant.
Il avait saisi, de la belle
La main mignonne et murmurait :
Acceptez mon amour fidèle,
Un geste sera mon arrêt.

Comme les blés, l'enfant est blonde,
Ses yeux sont nuancés d'azur ;
Son souris plaît à tout le monde
Comme sa voix au timbre pur.
Adolphe est son ami d'enfance,
Autant il était empressé
Jadis ; autant en sa présence
Il semble alors embarrassé.

Hier, dans le sein de sa mère
Célestine a caché ses yeux
En murmurant : Il sut me plaire,
Et je crois qu'il est amoureux.
La mère, en embrassant sa fille,
En la serrant contre son cœur,
Dit : Il sait plaire à ta famille
Et l'on ne veut que ton bonheur.

Adolphe pressa sur sa bouche
La main de la belle. On survient.
Il s'est relevé tout farouche...
Pourquoi ce trouble ? Ce n'est rien ;
Ce n'est rien que la tendre mère
Qui, joyeuse de les unir,
A ramené le bon vieux père
Afin qu'il puisse les bénir.

(Propriété de l'éditeur).

LE DÉPART DES CONSCRITS

Paroles d'H. Gaboriau

Air : *C'est la retraite, Ran tan plan*

REFRAIN :

Allons, conscrits, embrassez-vous,
Le tambour rappelle, dépêchons-nous
Vous reviendrez, soyez joyeux
Car notre état est glorieux !

On voit de la France,
Ce qu'il existe de plus beau !
On marche en cadence
Autour du drapeau ! (*bis*)

    Allons, etc.

Puis, dans la bataille,
Chaque soldat, tambour battant,
Narguant la mitraille
S'élance en avant ! (*bis*)

    Allons, etc.

On pousse avec rage
L'ennemi pâle de frayeur,
Et puis, au village
On revient vainqueur ! (*bis*)

Allons, conscrits, embrassez-vous,
Le tambour rappelle, dépêchons-nous ;
Vous reviendrez, soyez joyeux
Car notre état est glorieux ! (*bis*)

LE SORCIER MAYEUX

Paroles d'H. Gaboriau

LÉGENDE

Air : *Ça vous coupe la gueule à Quinzes pas*

Je vais vous conter si vous le voulez bien
Une histoire très-véridique,
Celle d'un sorcier qui ne demandait rien
Aux amateurs de sa boutique.
Logé dans un antre infernal,
Son aspect farouche était des plus fatal !
Pourtant le public curieux
Consultait le sorcier Mayeux.

Il avait, dit-on, deux énormes serpents,
Une chouette, un corbeau sauvage,
Qui lui dévoilaient les mystères du temps
Dans un diabolique langage.
Il étonnait par son savoir,
Savait découvrir le secret le plus noir ;
Les coupables tremblaient pour eux
Devant le vieux sorcier Mayeux.

Mais voilà qu'un jour il devint amoureux
D'une fillette honnête et sage ;
Il lui fit l'aveu de ses coupables feux
Et voulut son cœur en partage.
La pauvre enfant en eut si peur
Qu'ell' devint folle aussitôt de terreur,
Et dans un accès furieux
Étrangla le sorcier Mayeux.

En ouvrant son corps, chacun fut bien surpris
De voir que sa bosse était pleine
De petits serpents et de malins esprits
Qui couraient le soir dans la plaine.

Restez chez vous, mes chers enfants
Car les sorciers sont des gens malfaisants,
Sachez bien qu'il vaut cent fois mieux
Consulter son cœur et les cieux !

(Propriété de l'éditeur.)

L'ÉLIXIR PHÉNOMÉNAL

Paroles d'Ad. MARGUERIT.

Air : *Tir'toi d'la comm' tu pourras*

Près de moi, foule sensée,
Dépêchez-vous d'accourir ;
La science est renversée,
Les médecins vont gémir.
Lorsque quelque maladie
Parmi vous s'introduira,
Consultez-moi, je vous prie,
Mon grand secret, le voilà :

REFRAIN :
Plus de malad's maintenant,
Dzing et boum, et dzing lon laire !
Plus de malad's maintenant
Je les guéris à l'instant !

J'ai rapporté d'Arabie
L'élixir phénoménal,
Qui sait conserver la vie
Au delà du temps normal.
Il guérit de la colique,
Des rhumes, des maux de dents,
Et son succès est unique
En dépit des charlatans.
Plus de malad's maintenant,
Dzing et boum, etc.

S'il est dans cette assemblée
Un poitrinaire, un fiévreux,
Qu'il vienne !... ma panacée
Le guérira sur les lieux !
Vous avez mauvaise mine,
Vous craignez le lumbago ;
Ce qui ronge la poitrine
S'en ira tout aussitôt.

Plus de malad's maintenant,
Dzing et boum, etc.

Cors, durillons et catarrhes,
Succombant tout à la fois,
Trouvent des guérisons rares
Et se rangent sous mes lois.
Je guéris la dyssent'rie,
Grâce au moyen que voilà,
La migraine est abolie,
Je terrass' le choléra !

Plus de malad's maintenant,
Dzing et boum, etc.

Ces cures miraculeuses
Vous démontrent à loisir
Les facultés merveilleuses
De mon divin élixir...
Mais vous me direz sans doute :
« Combien nous le vendrez-vous ? »
Il vaudra plus qu'il ne coûte,
Car vous l'aurez pour deux sous !

Plus de malad's maintenant,
Dzing et boum, etc.

(Propriété de l'éditeur)

MARCHONS TOUJOURS EN AVANT

CHANT DU PROGRÈS

Paroles d'Emile CAHEN

Air : *Oh ! du bataillon d'afrique*

Humains, possédant le vice
De renier le progrès,
Vous imitez l'écrevisse
Qui, marchant, recule exprès...
Enfants d'un siècle mouvant,
Pour suivre sa marche fière :
N'allons jamais en arrière,   } bis.
Marchons toujours en avant !

Quand surgit une pensée
Au front de quelque inventeur,
Elle est parfois repoussée,
On en blâme son auteur;
Mais l'inventeur, le savant
Disent, suivant sa lumière,
N'allons jamais en arrière,   } bis.
Marchons toujours en avant !

Un beau jour, l'amour nous happe,
Où nous y pensons le moins,
A l'heure où le cœur se frappe
On voudrait peu de témoins...
Mais, surtout en captivant
Une beauté cavalière :
N'allons jamais en arrière,   } bis.
Marchons toujours en avant !

Je sais bien que la misère
N'est pas toujours belle à voir,
Aussi, nouveau Délisaire
On nous plaint... puis au revoir !

Mais nous, en l'apercevant,
Pour le tirer de l'ornière :
N'allons jamais en arrière,
Marchons toujours en avant ! } *bis.*

A peine est-on sur la terre
Qu'on voudrait déjà vieillir...
L'existence est le parterre,
Les ans : les fleurs à cueillir !
On dit même en arrivant
Au but de notre carrière :
N'allons jamais en arrière,
Marchons toujours en avant ! } *bis.*

Sitôt, aux moindres alarmes,
Nous gagnons tous nos procès,
Et sans trop vanter nos armes
A quoi tiennent nos succès ?
C'est quand retentit au vent
Cette devise guerrière :
N'allons jamais en arrière,
Marchons toujours en avant ! } *bis.*

(Propriété de l'éditeur)

NE VOUS EN SOUVENEZ-VOUS PLUS

ROMANCE

Paroles d'**Auguste HARDY**

Air : *Je t'aime encore, ou ma Paquerette*

Est-ce donc vrai ce qu'on publie ?
Vous avez trahi vos serments.
Demain, Clémence, on vous marie
Et vous riez de mes tourments

Hélas! ingrate, et les promesses
Auxquelles, insensé je crus!
Et ces jours de douces caresses,
Ne vous en souvenez-vous plus?

Vous aviez dix-sept ans à peine;
Je venais d'atteindre vingt ans :
La brise parfumait la plaine
Où souriait le gai printemps.
A vos genoux, bonheur suprême!
Ensemble, nos deux cœurs émus
Battaient, quand je vous dis : Je t'aime!
Ne vous en souvenez-vous plus?

Combien d'occasions offertes
J'ai méprisé, car nos amours
A mon cœur suffisait, et certes,
J'aurais été constant toujours.
Vous me juriez d'être fidèle...
Chimère des temps révolus!
Je ne respirais que pour elle,
Ne vous en souvenez-vous plus?

Mon existence malheureuse
Loin de vous s'en ira finir.
Ah! Clémence, restez heureuse
Ou, puissiez-vous le devenir.
Un jour, on vous dira : Madame,
Il est au séjour des élus
Celui qui vous livra son âme..,
Ne vous en souvenez-vous plus?

(Propriété de l'éditeur)

ATTENDEZ-MOI

Paroles de J.-E. AUBRY

Air : *Mariez-vous donc*

En s'en allant à la potence,
D'outre-mer un adroit escroc,
Rencontre un d' ses amis d'enfance
Qui partait pour San-Francisco
Afin d' remplir son boursicot.
De m' sauver j' suis sans aucun doute,
Lui dit le voleur sans effroi,
Ensembl' nous allons fair' la route,
    Attendez-moi ! (*4 fois*)

Je devais une forte somme
Que je ne pouvais pas payer,
Dans l'escalier j' rencontre un homme
Porteur d'un' feuille de papier
Au bas signé' par un huissier.
Croyant qu'il entre dans ma chambre,
J' dis à c' monsieur qui reste coi :
Dans c' cabinet qui n' sent pas l'ambre,
    Attendez-moi (*4 fois*)

Des sauvag's à qui l'on reproche
Leur trop peu de civilité,
S'apprêtaient à mettre à la broche
Un mat'lot par eux arrêté
Et qui s' trouvait fort embêté.
A la nage, il r'joint son navire
En criant : j' vous jur' sur ma foi,
Que je r'viendrai pour me faire cuire,
    Attendez-moi ! (*4 fois*)

Certain patineur, sur la glace,
Un jour que l' soleil avait lui,
Sans pouvoir se retenir passe
Dans un trou qui s' trouvait d'vant lui.
Un de ses voisins jette un cri
Puis lui dit en lui faisant signe :
Aussitôt qu'il fera moins froid
J' viendrai vous r'pêcher à la ligne.
  Attendez-moi! (4 *fois*)

Un' femm' grêlée, bossue et borgne,
Un' jamb' de bois et des ch'veux roux,
Dans l' quartier, depuis longtemps m' lorgne,
En me faisant un œil très-doux
Ell' voudrait que j' sois son époux.
Pour vous, mon estime est profonde,
Lui dis-je, avec un tendre émoi,
Demain, j' pars fair' le tour du monde.
  Attendez-moi! (4 *fois*)
    (Propriété de l'éditeur)

LA TERREUR DES BOIS

FABLIAU

Paroles d'**Halbert d'ANGERS**

Air : *Comme à vingt ans,* d'E. Barateau

Le vent du nord courbait
Le front de l'aubépine,
Un chariot passait
Par la forêt voisine;
Il était tout rempli
De lames de cognées

En bel acier poli
Et fraîches aiguisées.
Et les échos lointains, répétaient tous en chœur :
L'ennemi que l'on craint, est toujours le vainqueur

Tandis que s'avançaient
Les haches assassines,
Les grands arbres tremblaient
Pour leurs vieilles racines.
Malheur ! trois fois malheur !
Disaient chênes et hêtres,
Songeant avec terreur
Au sort de leurs ancêtres.
 Et les échos, etc.

Cherchez, pour vous cacher,
Timides violettess,
Contre un fatal toucher,
Cherchez d'autres retraites.
Qui vous protégera
Fleurs charmantes et douces,
Lorsqu'on vous chassera
Du tapis vert des mousses ?
 Et les échos, etc.

Adieu, petits oiseaux
Chantres de ce bocage,
Adieu, charmants ruisseaux,
Bergère au blanc corsage.
Demain, des bûcherons
La horde meurtrière
En nous frappant diront :
C'est votre heure dernière.
 Et les échos, etc.

Lors un chêne, doyen
Des arbres séculaires,
Cria : j'ai le moyen
De nous sauver, mes frères.

Pour avoir, Dieu le sait,
Encor longues années,
Gardons le bois qui fait
Les manches de cognées.
   Et les échos, etc.

Croyez-moi, n'armez pas
Le bras qui nous menace ;
Car, c'est rendre au trépas
Trop facile la place.
On l'a dit avant moi :
L'union fait la force,
Ici-bas, c'est la loi
Que nulle autre ne force !
   Et les échos, etc.

(Propriété de l'éditeur)

UN FUTUR ÉPOUX
ou
LES ADIEUX D'UN GARÇON

Paroles d'Auguste HARDY

Air : *La Comète*

REFRAIN :

Je vais me marier,
En cette vie,
Seul je m'ennuie ;
Je vais me marier
Afin de me désennuyer.

Mes amis, je vous dis adieu,
Maintenant je vais être sage ;
J'écumerai le pot-au-feu,
L'ordinaire d'un bon ménage.
   Je vais, etc.

Cela semble vous étonner?...
Mais, mon âge le veut quand même,
Et vous saurez me pardonner
En connaissant l'objet que j'aime.
    Je vais, etc.

C'est une brune sans défaut,
Pour sûr encore demoiselle...
Comme elle ne parle pas haut,
Bien des qualités sont en elle!
    Je vais, etc.

Malgré sa grâce et sa beauté,
Elle est candide, elle est modeste;
A son minois plein de gaieté,
Tout homme devine le reste...
    Je vais, etc.

N'aimant que la simplicité,
Le Benoîton ne lui va guère;
Car elle sait, sans vanité,
Que sans luxe elle peut bien plaire.
    Je vais, etc.

Ne voulant pas d'accoutrement
Abîmant son corps, sa figure,
Elle s'habille simplement,
Pour que ses attraits soient nature.
    Je vais, etc.

Enfin, vous le voyez, amis,
Ce choix est à mon avantage,
Et lorsque nous serons unis
J'en connaîtrai bien davantage.
    Je vais, etc.

Comme je suis encor garçon
De plaisirs prenons une bosse!
Bref, pour terminer ma chanson :
Je vous invite à notre noce !
    Je vais, etc.

(Propriété de l'éditeur)

LE FARCEUR AMOUREUX

CHANSONNETTE

Paroles d'**Auguste HARDY**

Air : *Tire-toi d'là comme tu pourras*

Autrefois de notr' village
J'étais le vrai bout-en-train,
Maintenant, adieu l' tapage,
Je deviens bêt' comme un s'rin ;
C'est qu' l'autre jour à la danse
J' m'enflammai pour Célina,
Quand ell' prit avec aisance
Mon bras pour fair' la polka.

J' suis amoureux, foi d' farceur !
    J' peux plus rire,
      Et ça m' fait dire :   } *bis.*
En nous mariant, quel bonheur,
Ça mettrait du baum' dans l' cœur !

L'autr' soir, chez ma 'tant' Javotte,
Pendant que j' cassais des noix,
On m' dit : Conte une anecdote,
Fais-nous rir' comme autrefois...
Mais, dans ma tête embrouillée,
Ne trouvant rien, j' dis : ma foi !
A tout l' monde d' la veillée,
J' vas vous en dir' le pourquoi :

J' suis amoureux, etc.

L' dimanch' tous mes camarades
Me dis'nt : Mon petit Grivet,
Quitte donc ces airs maussades
Et deviens plus guilleret.

Ah ! pour ça, c'est impossible,
Malgré tout, votre amitié
N' peut rien sur mon âm' sensible,
Tant que je n' s'rai pas marié.

J' suis amoureux, etc.

Mon pèr' voyant sur ma tête
Un cheveu blanc qui poussait,
Me dit : Mon gars, ça t'embête.
Mais, j' sais c' qui te guérirait.
J' vas d'mander la gross' Annette.
Non ! que j' lui réponds, papa,
Si tu me vois l'âme inquiète,
C'est que j'ador' Célina.

J' suis amoureux, etc.

Mettant sa bell' redingote,
Papa s'en fut aussitôt
D' mander, pour moi, la menotte
D' mes amours au pèr' Quicot.
Quicot, le pèr' de la belle,
Accepta sans nul détour ;
Ell' m'aime, et je n'aim'rai qu'elle !
Ma gaieté r'naît de ce jour.

J' suis amoureux, etc.

(*Propriété de l'éditeur*).

Propriété exclusive de l'éditeur. — Toute reproduction est interdite.

TABLE

Rigolons tant que nous pourrons	5
Je t'adore à mon tour	6
Le Carnaval de tous temps	7
Il y a plus de bêtes que de gens d'esprit	9
Faute de mieux	10
J'peux bien m'passer d'ça	11
La Fiancée	13
Voilà l'plaisir du Parisien	14
Toinette et Toinon	15
L'Amour aux champs	17
Boum ! en avant la grosse caisse !	18
Histoire de Cendrillon	20
Un homme malheureux	22
Un doux rêve	23
Le Gamin de Paris	25
Ah ! j'ai t'y du guignon	26
L'Agneau de Jeanne	28
Le Berger et la Bergère	29
Le Bal du pays	30
Espoir du cœur	32
Un jour de fête	33
Au bord du fossé la culbute	34
La Moisson	36
Attends encore	37
Les Oignons	39
Boule-en-Dos	40
Le Mort vivant	42
Un cœur à Berthe	43
Amour et Patrie	44
Moi, j'aime à penser le contraire	45
Un Mari qui reste six ans à la pêche	47
Rayons de soleil	48
Fallait pas en boire	49

C'est désobligeant...	51
L'Effet du hasard.	52
Déclaration d'amour d'un Auvergnat.	54
Adolphe et Célestine, ou la Déclaration	55
Le Départ des Conscrits.	57
Le Sorcier Mayeux.	58
L'Élixir phénoménal.	59
Marchons toujours en avant,	61
Ne vous en souvenez-vous plus?.	62
Attendez-moi.	64
La Terreur des Bois.	65
Un futur époux.	67
Le Farceur amoureux.	69
Table.	71

FIN.

www.ingramcontent.com/pod-product-compliance
Lightning Source LLC
LaVergne TN
LVHW051508090426
835512LV00010B/2420